수학이 놀이가 되는

미국 초등수학 용어퍼즐

FRACTION

김수미 지음

어려운 수학용어가
퍼즐과 만화로
술~술~ 익혀지는 마법!

미국에서 쓰이는 기본 수학 용어들을
한 권에 수록

KYOWOO

머리말

「미국 초등학교에서 쓰이는 수학용어 사전」이 출판된 지 벌써 7년이 지났습니다. 3년 전에는 개정판을 내놓기도 했습니다. 그러나 이러한 노력이 어린 학생들로 하여금 영어로 된 수학용어를 친근하게 느끼고 자유롭게 구사하는데 얼마나 도움이 되었는가에 대해서는 여전히 자신할 수 없습니다. 영어를 잘 구사하려면 최소한의 기본 단어를 알고 있어야 하는 것과 마찬가지로 언어의 일종인 수학을 잘 이해하려면 기본 용어를 알고 있어야 합니다. 초등학교 수학과 교육과정에 나오는 수학용어는 생각 이상으로 그 양이 많기 때문에 수학용어를 제대로 익히지 못하면 자칫 수학의 원리나 개념을 이해하는데 어려움을 겪을 수 있습니다. 따라서 이 책은 학생들이 퍼즐이라는 형식으로 즐겁고 재미있게 미국 초등수학용어를 익히도록 고안되었습니다.

이 책에 수록된 퍼즐은 1단계 낱말찾기 퍼즐, 2단계 낱말 연결하기 퍼즐, 3단계 빈칸 채우기 퍼즐, 4단계 가로세로 낱말퍼즐 등 총 4단계로 구성되었습니다. 퍼즐의 난도는 단계에 따라 높아지도록 하였으며, 같은 용어가 여러 단계에 걸쳐 반복적으로 나오도록 함으로써 퍼즐 책 한 권을 마무리한 후 수학용어가 저절로 기억에 남을 수 있는 여지를 제공하였습니다.

이 책이 독자들에게 수학 공부의 소소한 즐거움과 더불어 수학용어에 친숙해지는 계기를 제공할 수 있게 되기를 진심으로 바랍니다. 아울러 이 책의 구성 방식과 4단계 퍼즐에서 제공된 3컷 만화의 아이디어를 구상하고 직접 그림을 그려준 둘째 딸 효원이에게도 사랑과 감사의 마음을 전합니다. 책을 구성하는 과정에서 모녀지간에 나눈 대화가 학생들에게 좀 더 친근하고 재미있게 다가갈 수 있는 아이디어를 얻는데 많은 도움이 되었습니다. 이 책의 편집과 디자인을 담당해주신 이소정 선생님, 저자의 마음을 헤아려주시는 남궁양 부장님, 그리고 출판을 허락해 주신 오판근 사장님께도 감사의 마음을 전합니다. 이 책을 통해 수학을 사랑하는 사람들이 늘어나기를 진심으로 기원합니다. 감사합니다.

저자 **김수미**

CONTENTS

1단계

낱말 찾기 퍼즐

01

보기에 제시된 수학용어를 모두 찾아보세요.

E	A	P	P	L	E	I	F	N	T	C	X	G	N	T
X	E	C	J	Y	L	N	O	H	A	Y	J	G	F	L
P	G	X	N	T	M	I	K	W	B	H	I	L	E	O
R	O	S	P	S	T	C	I	V	T	S	O	B	K	E
E	E	P	Q	A	B	E	K	J	L	S	M	A	P	T
S	V	K	U	G	N	H	F	A	H	U	M	A	N	J
S	O	Q	R	F	G	D	U	C	N	M	O	A	E	Y
I	E	R	A	Y	X	Q	E	T	M	O	U	O	A	G
O	S	I	T	G	E	A	A	D	Z	P	M	E	T	P
N	C	M	H	L	S	R	C	S	F	H	R	I	S	K
J	O	D	D	N	U	M	B	E	R	O	E	F	W	D
T	A	O	P	G	X	E	K	A	B	Q	R	L	A	O
W	T	I	I	A	F	Y	E	D	Q	Z	D	M	V	G
L	K	F	O	P	E	R	A	T	I	O	N	D	T	D
E	V	E	N	N	U	M	B	E	R	D	I	G	I	T

보기

digit (숫자)	expanded form (전개식)
even number (짝수)	equal sign (등호)
odd number (홀수)	equation (등식)
expression (식)	operation (연산)

02

보기에 제시된 수학용어를 모두 찾아보세요.

A	B	G	M	H	S	T	A	T	I	S	T	I	C	S
I	E	K	A	W	F	E	B	H	O	R	A	N	G	E
C	O	N	L	U	L	Y	U	G	F	P	M	L	C	A
M	H	S	C	B	K	L	E	D	A	T	A	Q	I	V
D	G	T	A	F	B	A	N	A	N	A	J	N	G	E
M	U	T	G	M	O	R	J	A	M	A	O	C	R	R
E	H	D	F	S	P	N	D	W	E	L	F	P	E	A
D	N	O	H	Y	D	L	C	E	N	S	U	S	K	G
I	Z	D	S	B	G	H	I	W	T	V	B	O	I	E
A	E	K	I	H	A	Q	Q	N	G	H	Y	E	O	A
N	B	A	E	N	M	A	B	E	G	U	D	T	M	H
A	R	V	M	U	F	O	M	J	A	B	V	K	E	G
J	A	Y	G	D	J	M	D	G	C	Z	W	O	A	J
G	C	N	E	Q	K	U	C	E	M	I	D	A	N	B
P	R	O	B	A	B	I	L	I	T	Y	R	V	H	D

보기

statistics (통계)
data (자료)
census (전수조사)
sampling (표본추출)
average (대푯값)
mean (산술평균)
median (중앙값)
mode (최빈값)
table (표)
probability (확률)

03

보기에 제시된 수학용어를 모두 찾아보세요.

P	B	A	C	A	U	M	W	I	P	F	U	N	T	V
O	U	P	E	E	T	C	I	Z	M	U	E	A	J	M
P	K	P	S	Y	B	O	F	J	E	P	E	I	C	P
C	A	R	K	V	J	S	K	A	C	R	R	O	F	A
O	I	O	C	L	U	L	T	E	F	U	O	S	T	C
R	J	X	I	F	B	T	I	Y	O	A	S	V	X	E
N	B	I	N	E	A	R	D	O	U	B	L	E	J	M
M	I	M	I	L	L	I	O	N	C	J	U	Q	U	C
T	L	A	M	S	R	L	K	W	E	R	L	M	I	A
H	L	T	H	A	B	L	X	T	O	T	I	K	F	M
O	I	E	C	F	U	I	E	A	B	X	Z	F	J	P
U	O	N	B	X	R	O	H	B	A	R	Y	C	K	E
S	N	U	O	M	I	N	I	M	U	M	R	E	I	A
A	T	M	M	M	I	K	A	T	R	I	P	L	V	O
N	C	B	U	C	E	L	E	P	H	A	N	T	Z	M
D	A	E	L	V	R	T	P	L	U	B	A	Y	K	L
U	I	R	O	P	K	C	A	L	C	U	L	A	T	E

보기

zero (영, 0)
thousand (천, 1000)
million (백만, 10^6)
billion (십억, 10^9)
trillion (조, 10^{12})
calculate (계산하다)
near double (거의 두배)
minimum (최솟값)
approximate number (근삿값)
maximum (최댓값)

04

보기에 제시된 수학용어를 모두 찾아보세요.

P	C	A	L	I	F	O	R	N	I	A	A	H	R	C
F	L	H	F	I	P	O	I	N	T	G	K	A	L	D
M	B	A	T	L	R	H	B	W	U	H	L	C	I	G
A	I	T	N	U	E	N	M	L	B	U	T	M	A	H
H	D	K	Z	E	Y	A	E	M	C	C	F	U	H	I
V	A	N	G	C	Y	L	D	I	Z	M	R	S	G	N
R	G	L	K	B	L	L	D	W	L	I	N	E	C	T
A	U	K	H	A	A	N	A	I	G	E	B	A	R	E
Y	N	J	R	G	E	T	R	O	B	N	N	K	W	R
D	R	A	B	P	E	L	C	T	A	D	O	B	D	S
Y	P	K	R	M	D	Y	M	K	H	P	R	Y	G	E
K	B	E	G	W	H	A	T	L	N	O	I	K	A	C
I	P	F	L	V	Y	N	R	T	B	I	S	E	C	T
A	T	H	A	N	K	S	U	A	W	N	J	C	M	D
L	I	N	E	S	E	G	M	E	N	T	A	G	O	A

보기

point (점)	intersect (교차하다)
line segment (선분)	bisect (이등분하다)
line (직선)	parallel (평행하는)
ray (반직선)	perpendicular (수직인, 직교하는)
endpoint (끝점)	plane (평면, 면)

05

보기에 제시된 수학용어를 모두 찾아보세요.

A	O	G	N	H	C	A	C	I	R	C	L	E	O	E
M	O	O	N	T	O	H	M	A	K	V	F	M	C	B
R	T	G	I	F	N	U	R	N	H	F	T	N	C	R
E	A	R	T	H	C	H	D	I	A	M	E	T	E	R
U	H	A	G	B	E	U	B	J	D	R	A	O	N	A
J	V	H	D	U	N	V	D	H	E	B	J	K	T	G
R	S	F	I	J	T	I	A	F	U	G	D	H	E	Y
A	E	A	G	D	R	E	M	J	R	N	K	S	R	J
D	M	Y	N	I	I	U	C	B	E	A	R	P	O	F
I	I	M	O	J	C	A	G	L	D	T	M	H	F	A
U	C	F	E	R	C	E	K	U	R	E	H	E	F	B
S	I	H	I	T	I	O	G	E	D	C	A	R	C	J
A	R	C	B	O	R	R	H	A	O	D	L	E	A	H
K	C	U	M	R	C	G	T	J	R	U	G	E	R	K
R	L	A	T	G	L	B	M	I	K	N	U	A	C	G
G	E	J	P	U	E	E	L	L	I	P	S	E	L	M
F	H	O	I	B	S	A	Y	O	R	A	F	N	E	A

보기

circle (원)
diameter (지름)
radius (반지름)
center (원의 중심)
circumference (원의 둘레)
semicircle (반원)
ellipse (타원)
pi (원주율)
concentric circles (동심원)
sphere (구)

06

보기에 제시된 수학용어를 모두 찾아보세요.

P	Q	U	A	D	R	A	N	G	L	E	N	S	X	V
O	E	T	D	I	A	G	O	N	A	L	V	E	N	P
H	B	N	U	U	E	B	E	A	N	B	T	T	O	E
N	Q	R	T	H	N	D	O	G	E	R	M	F	H	R
N	H	A	A	A	F	S	T	G	E	I	G	H	M	I
W	E	L	R	S	G	E	R	V	H	T	F	J	V	M
G	X	T	P	T	N	O	I	M	V	D	G	N	E	E
H	A	R	B	E	D	F	N	H	G	M	O	D	B	T
B	G	I	L	A	N	H	N	F	H	G	U	I	O	E
E	O	A	Y	H	S	O	G	D	Y	T	F	A	J	R
F	N	N	G	N	V	E	L	L	I	L	S	A	V	W
S	S	G	O	P	M	G	O	T	G	O	T	O	H	G
G	O	L	N	C	E	P	L	B	S	E	N	N	F	V
W	P	E	G	S	J	A	J	O	L	J	W	A	N	E
E	T	R	I	B	N	G	L	E	V	M	T	L	O	B

보기

triangle (삼각형)	quadrangle (사각형)
pentagon(오각형)	hexagon (육각형)
altitude (높이)	base (밑변)
vertex (꼭짓점)	perimeter (둘레)
polygon (다각형)	diagonal (대각선)

07

보기에 제시된 수학용어를 모두 찾아보세요.

R	R	G	K	D	O	U	R	G	H	K	O	K	N	V
A	N	N	T	B	E	J	U	B	J	I	R	K	U	A
T	U	L	A	A	X	N	S	V	T	O	A	M	M	L
I	J	B	I	H	R	A	O	A	U	O	T	V	E	I
O	M	H	N	K	M	U	R	M	S	E	U	J	R	K
N	R	P	A	D	E	L	J	U	I	K	G	L	A	E
A	A	E	J	S	A	F	R	B	K	N	J	U	T	R
L	E	R	L	U	D	C	R	T	G	T	A	E	O	R
N	U	C	Q	A	O	L	V	A	E	U	A	T	R	A
U	S	E	M	O	C	B	G	S	C	A	N	V	O	C
M	K	N	R	V	G	J	Y	L	M	T	E	A	J	R
B	A	T	B	R	A	T	I	O	E	N	I	M	R	I
E	V	A	X	H	X	K	E	K	T	M	U	O	L	O
R	S	G	P	R	O	P	O	R	T	I	O	N	N	N
G	M	E	J	H	G	B	A	L	R	J	G	K	A	S

보기

numerator (분자)	denominator (분모)
proportion (비례식)	ratio (비, 비율)
percentage (백분율)	equal ratio (동치비)
rational number(유리수)	like fractions (동분모 분수, 분모가 같은 분수)

08

보기에 제시된 수학용어를 모두 찾아보세요.

S	W	A	V	R	J	C	S	T	A	R	R	M	R	O
O	U	J	A	D	A	D	D	I	T	I	O	N	E	W
R	H	B	K	M	I	F	A	C	L	E	V	Q	P	J
H	B	M	T	Y	E	V	G	A	W	X	O	U	E	A
A	Q	D	A	R	E	R	I	H	K	V	A	O	A	N
P	B	I	X	J	A	J	O	S	M	R	N	T	T	R
P	X	F	A	O	Q	C	B	B	I	H	W	I	E	O
Y	A	F	O	C	H	V	T	K	H	O	Y	E	D	J
J	R	E	M	W	K	L	F	I	B	U	N	N	A	B
F	L	R	W	B	H	Y	A	J	O	O	I	T	D	W
R	B	E	P	R	O	D	U	C	T	N	E	X	D	V
Y	M	N	Y	V	J	R	N	C	V	J	W	K	I	R
V	R	C	H	R	E	M	A	I	N	D	E	R	T	F
W	K	E	J	R	W	O	L	N	A	E	B	F	I	A
C	M	U	L	T	I	P	L	I	C	A	T	I	O	N
O	R	X	E	B	N	S	U	M	M	W	O	L	N	B

보기

addition (덧셈)
multiplication (곱셈)
sum (합)
product (곱)
remainder (나눗셈의 나머지)
subtraction (뺄셈)
division (나눗셈)
difference (차)
quotient (몫)
repeated addition (동수누가)

09

보기에 제시된 수학용어를 모두 찾아보세요.

A	P	Y	R	A	M	I	D	X	H	Q	B	E	A	N
W	L	I	F	E	B	O	X	O	B	U	M	V	E	F
T	V	L	A	T	E	R	A	L	F	A	C	E	M	L
M	R	X	J	F	W	S	E	R	N	D	B	A	S	E
F	B	I	D	A	M	Q	B	A	H	R	K	D	F	W
L	N	A	A	K	V	V	Y	I	K	A	F	A	C	I
O	L	E	I	N	C	U	B	E	J	N	R	N	Y	Q
W	M	F	I	E	G	O	S	J	S	G	I	D	L	B
E	H	L	N	A	D	U	L	E	M	U	V	W	I	A
R	J	O	J	F	A	Q	L	S	K	L	F	S	N	X
Q	C	I	L	F	D	U	C	A	B	A	B	N	D	H
A	K	B	N	I	Y	M	S	Q	R	R	F	H	E	F
F	C	J	O	T	E	H	I	H	C	P	E	G	R	J
W	M	B	K	Q	E	A	J	N	A	R	R	M	M	A
Y	U	V	P	R	I	S	M	L	K	I	R	I	G	H
C	I	E	M	T	J	R	T	X	Y	S	A	Q	S	W
Y	E	L	L	O	W	W	I	N	B	M	L	F	V	M

보기

prism (각기둥)
cylinder (원기둥)
cube (정육면체)
quadrangular prism (사각기둥)
lateral face (옆면)
pyramid (각뿔)
cuboid (직육면체)
triangular prism (삼각기둥)
cone (원뿔)
base (밑면)

10

보기에 제시된 수학용어를 모두 찾아보세요.

I	R	J	A	R	E	F	L	E	X	A	N	G	L	E
N	O	M	C	O	P	C	R	N	I	J	N	R	P	J
A	X	B	U	I	B	R	O	B	O	O	K	M	I	E
L	I	A	T	V	L	T	O	Y	Q	P	M	Y	L	I
A	P	O	E	U	A	I	U	T	R	K	P	G	L	V
R	M	J	T	Y	S	H	R	S	R	H	N	V	O	A
X	A	R	R	O	H	E	R	C	E	A	G	I	J	G
V	N	M	I	C	M	N	T	J	I	A	C	X	M	P
A	G	H	A	A	I	R	P	R	B	X	N	T	M	R
L	L	J	N	P	L	V	T	C	I	A	V	G	O	I
W	E	R	G	Y	Q	T	K	O	V	A	P	J	L	R
H	I	X	L	O	H	J	C	A	R	J	N	R	M	E
I	K	W	E	G	A	C	U	T	E	A	N	G	L	E
T	R	Q	I	H	A	K	A	L	I	R	X	N	L	A
E	L	R	Q	A	R	I	G	H	T	A	N	G	L	E

보기

angle (각, 각도)
obtuse angle (둔각)
reflex angle (우각)
right triangle (직각 삼각형)
obtuse triangle (둔각 삼각형)
acute angle (예각)
right angle (직각)
protractor (각도기)
acute triangle (예각 삼각형)

2 단계

낱말 연결하기 퍼즐

같은 것끼리 바르게 연결하세요.

01

angle •	• 사각형
triangle •	• 각
quadrangle •	• 삼각형
rectangle •	• 직사각형

02

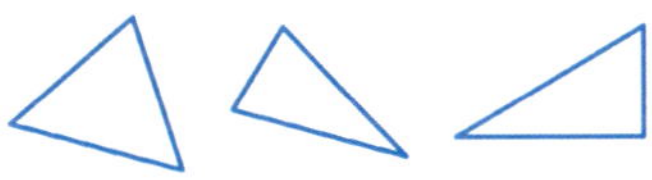 •	• angle
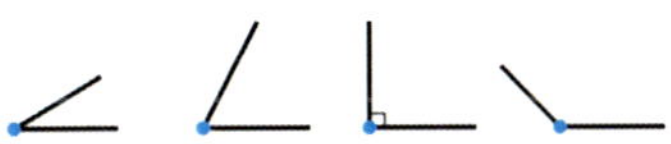 •	• **tri**angle
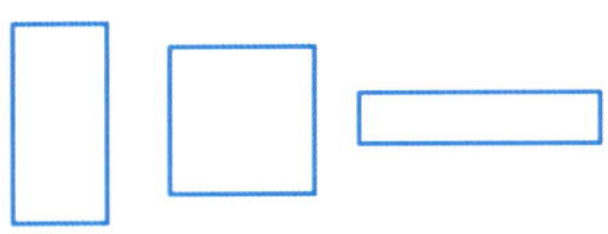 •	• **quadr**angle
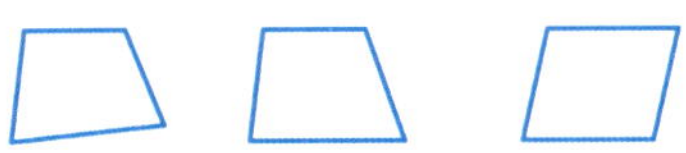 •	• **rect**angle

03

quad	4, 넷
quadrangle	$\frac{1}{4}$, 넷 중 하나
quardrilateral	사변형
quadrillion	사각형
quater	1000, 000, 000, 000, 000 (1000뒤에 000이 4번 붙음)

04

	**quad**
4, four	**quadrangle**
$\frac{1}{4}$, 25%	**quardrilateral**
1,000,000,000,000,000	**quadrillion**
	quater

05

cent •	• $\frac{1}{100}$미터
centigram •	• $\frac{1}{100}$리터
centiliter •	• $\frac{1}{100}$그램
centimeter •	• $\frac{1}{100}$달러
century •	• 백분율(%)
percent •	• 1세기, 100년

06

cg($\frac{1}{100}$g) •	• cent
$\frac{1}{100}$달러 •	• centigram
cm($\frac{1}{100}$m) •	• centiliter
cL($\frac{1}{100}$L) •	• centimeter
백분율(%) •	• century
1세기(100년) •	• percent

07

cube	세제곱 센티미터
cubic yard	세제곱, 정육면체
cubic centimeter	직육면체
cubic inch	세제곱 인치
cubic meter	세제곱 미터
cuboid	세제곱 야드

08

yd^3	cubic centimeter
in^3	cuboid
cm^3	cube
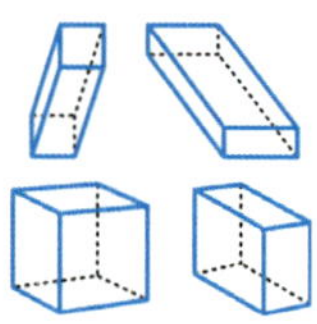	cubic inch
m^3	cubic meter
	cubic yard

09

deca- •	• 10의
decade •	• 10년
decagon •	• 10각형

10

deci •	• $\frac{1}{10}$의
decigram •	• 1리터의 $\frac{1}{10}$
deciliter •	• 소수
decimal fraction •	• 소수점
decimal number •	• 1리터의 $\frac{1}{10}$
decimal point •	• 십진분수 (분모가 10, 100, 1000...인 분수)
deciliter •	• 1그램의 $\frac{1}{10}$

11

poly •	• 다각형
polygon •	• 다면체
polyhedron •	• 많은

12

~gon •	• ~각형
polygon •	• 십이각형
pentagon •	• 다각형
hexagon •	• 오각형
heptagon •	• 육각형
octagon •	• 칠각형
nonagon •	• 팔각형
dodecagon •	• 구각형

13

~hedron •	• 6면체
tetrahedron •	• 12면체
octahedron •	• 20면체
icosahedron •	• 8면체
dodecahedron •	• 4면체
hexahedron •	• ~면체

14

regular •	• 정다면체
regular polygon •	• 고른, 규칙적인
regular polyhedron •	• 정다각형

15

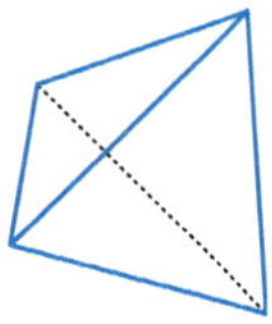

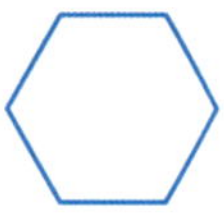

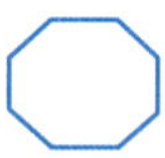

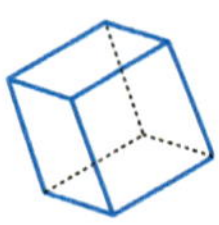

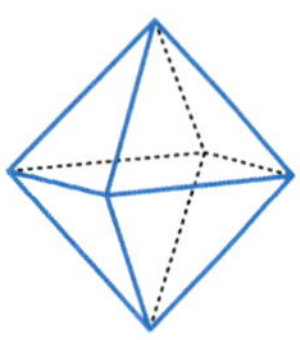

- polyhedron
- polygon
- pentagon
- hexagon
- tetrahedron
- octagon
- octahedron
- hexahedron

16

equal	같은
equal sign	동치분수
equation	등식
equiangular polygon	모든 변의 길이가 같은 다각형
equilateral polygon	모든 각의 크기가 같은 다각형
equilateral triangle	등호(=)
equivalent fraction	정삼각형

17

등호(=) •	• equation
9-6=3, x+5=7 •	• equal sign
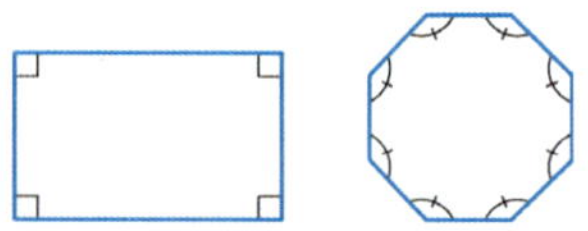 •	• equiangular polygon
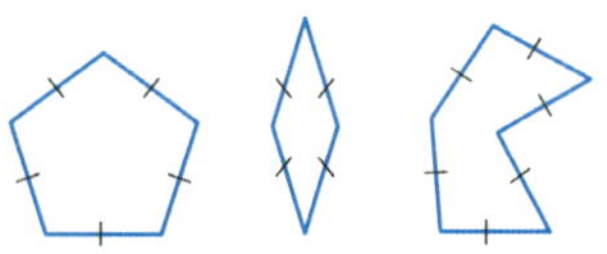 •	• equilateral polygon
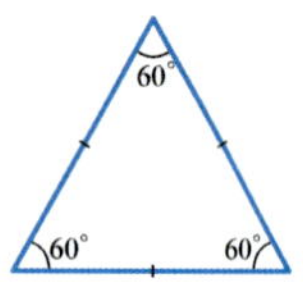 •	• equivalent fraction
$\frac{1}{2}=\frac{2}{4}=\frac{3}{6}=\ldots$ •	• equilateral triangle

18

iso •	• 같은 치수의
isometric •	• 같은
isometry •	• 이등변 삼각형
isosceles trapezoid •	• 합동변환
isosceles triangle •	• 등변 사다리꼴

19

정다각형 •	• equilateral triangle
정삼각형 •	• regular polygon
등변 사다리꼴 •	• isosceles triangle
이등변 삼각형 •	• isosceles trapezoid

20

kilo •	• 1,000 리터
kilogram •	• 1,000 그램
kiloliter •	• 천(1,000)
kilometer •	• 1,000 미터

21

milli	천분의 일($\frac{1}{1000}$)
milligram	백만(1,000,000)
milliliter	천년(1,000년)
millimeter	$\frac{1}{1000}$ 리터
millennium	$\frac{1}{1000}$ 미터
million	$\frac{1}{1000}$ 그램

22

천(1,000) •	• **millennium**
1,000년 •	• **milligram**
백만(1,000,000) •	• **milliliter**
mm($\frac{1}{1000}$m) •	• **millimeter**
mg($\frac{1}{1000}$g) •	• **thousand**
ml($\frac{1}{1000}$L) •	• **million**
km(1000m) •	• **kilogram**
kg(1000g) •	• **kiloliter**
kl(1000L) •	• **kilometer**

23

number •	• 수직선
number line •	• 수
number sentence •	• 숫자
numeral •	• 수들 사이의 관계를 나타낸 식
numeral system •	• 분자
numerator •	• 기수법

24

숫자 •	• number
$\frac{3}{5}\leftarrow$ •	• number line
기수법 •	• number setence
3, $\frac{2}{5}$, -8, 1.56, ... •	• numeral
수들 사이의 관계를 나타낸 식 •	• numeral system
 •	• numerator

25

right	바른
right angle	직원기둥
right cone	직각
right cylinder	직원뿔
right prism	직사각형
right pyramid	직각기둥
right triangle	직각뿔
rectangle	직각삼각형

26

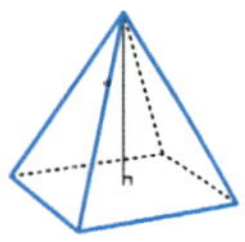

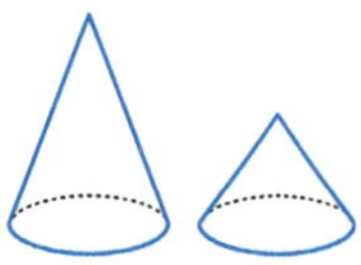

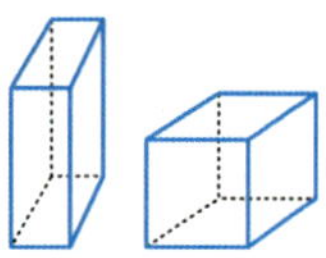

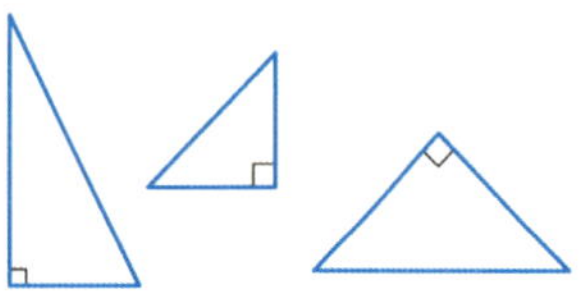

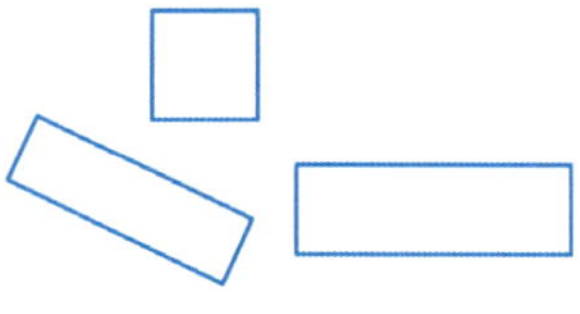

- right angle
- right cone
- right prism
- right cylinder
- right pyramid
- rectangle
- right triangle

27

square	제곱센티미터
square centimeter	제곱, 정사각형
square inch	제곱킬로미터
square kilometer	제곱인치
square meter	제곱수
square number	제곱미터
square pyramid	제곱근
square root	정사각뿔

28

=	division sign
+	equal sign
−	addition sign
×	subtraction sign
÷	multiplication sign

29

cm^2 •	• square
in^2 •	• square centimeter
km^2 •	• square inch
m^2 •	• square kilometer
제곱, 정사각형 •	• square meter
$\sqrt{}$ •	• square number
1, 4, 9, 16, 25, … •	• square pyramid
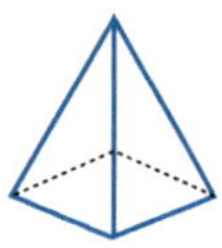 •	• square root

30

angle •	• 각
right angle •	• 온각
obtuse angle •	• 직각
acute angle •	• 둔각
straight angle •	• 예각
reflex angle •	• 평각
complete angle •	• 우각

31

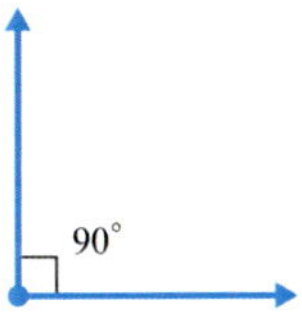

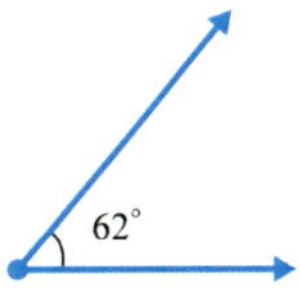

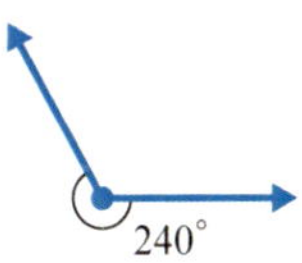

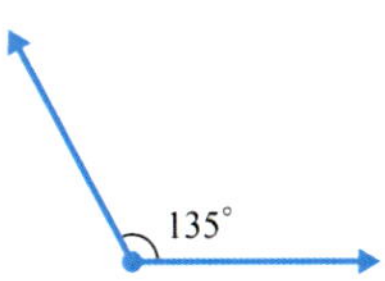

- **right angle**
- **obtuse angle**
- **complete angle**
- **straight angle**
- **reflex angle**
- **acute angle**

32

fraction •	• 진분수
proper fraction •	• 분수
improper fraction •	• 십진분수
mixed fraction •	• 대분수 또는 혼분수
decimal fraction •	• 가분수

33

분수 •	• proper fraction
$\frac{1}{5}, \frac{2}{5}, \frac{3}{5}, \frac{4}{5}$ •	• fraction
$\frac{5}{5}, \frac{6}{5}, \frac{7}{5}, \cdots$ •	• mixed fraction
$2\frac{2}{4}, 1\frac{3}{5}, 7\frac{8}{9}, \cdots$ •	• improper fraction
$\frac{2}{10}, \frac{71}{100}, \frac{101}{1000}, \cdots$ •	• decimal fraction

3 단계

빈칸 채우기 퍼즐

01

□안에 알맞은 알파벳을 써 넣으세요.

약수

	a		t	o	

c f r

공약수

c	o		m	o	n			a			o	r

f c t m

최대공약수

	r	e	a	t	e	s				o	m	m	o	n		f		c	t		r

o a g c t

배수

	u		t	i		l	e

p l m

공배수

	o	m	m		n			u	l	t			l	e

m c i p o

최소공배수

	e	a	s	t			o	m		o	n		m		l		i	p	l	e

t m c l u

02

사각형

	u	a		r		n	g	l	e

d a q

직사각형

	e	c		a		g	l	e

n r t

정사각형

s			a		e

u q r

평행사변형

	a		a	l		e	l	o	g	r	a	

p m r l

사다리꼴

	r		p	e		o		d

a z t i

마름모

	h	o		b		s

r u m

03

각기둥

	r		s	

i m p

삼각기둥

	r	i		n		u	l	a	r				i	s	m

a g p t r

사각기둥

	u	a		r	a	n	g		l	a	r		p		i		m

q r u s d

각뿔

	y	r	a		i	

m p d

삼각뿔

	r	i	a		g	u	l	a			p		r		m	i	d

r n y a t

사각뿔

q	u			r	a	n	g	u		a	r		p	y		a	m		d

i r a l d

04

분수

f		a	c		i		n

o r t

가분수

	m		r	o		e	r			r		c	t	i	o	n

p i a p f

진분수

p	r		p		r		f	r	a		t		o	n

i c o e

대분수

m	i		e			f		a	c		i	o	n

x t r d

기약분수

	i	m	p	l		s	t			o	r	m			f		a	

	r	a	c	t	i	o	n

f s f e o

십진분수

	e		i	m	a			f	r		c	t	i	o	

a c l d n

05

수직인

	e	r		e		d	i		u	l		r

a c p n p

평행한

p			a	l			l

a l r e

이등분

	i		e	c	

s t b

교차하다(만나다)

	n		e	r			c	t

s e t i

이웃변

a			a	c	e		t			i		e	s

s d n j d

이웃각

	d		a		e	n	t		a		g	l		s

a n e j c

06

자료

			a

t a d

그림그래프

	i		t		r	e			r	a		h

c g p u p

막대그래프

		r			r		p	

a g b a h

꺾은선그래프

l		n			g		a	p	

e r h i

원그래프

		r	c		e			r	a		h

l c g i p

줄기-잎 그림

		e	m	-	a		d	-	l		a	f			l	o	t

e s n p t

07

길이

			g	t	

h n l e

넓이

a			

a e r

부피

		l		m	

u o e v

온도

	e			e	r	a			r	e

m u t p t

무게

	e			h	

g i t w

들이(용량)

		p	a		i		y

a t c c

08

자연수

	a			r	a	l		n	u			e	r

t b n u m

분수

f			c			o	n

i a r t

소수(소수점을 이용해 나타내는 수)

		c			a	l			u	m	b	e	r

d i e n m

유리수

	a			o		a	l		n	u	m		e	r

t b i n r

무리수

		r		t	i		n	a	l		n	u	m	b	e	

r o r i a

범자연수(0과 자연수)

	h			e		n		m		e	r

o b l w u

09

삼각형

	r			n		l	e

a g t i

사각형

	u		d		a			l	e

r g n a q

오각형

	e			a		o	n

n g p t

육각형

	e		a		o	n

x h g

팔각형

		t				n

o g a c o

다각형

			y		o	

l n p g o

10

직육면체

	u		o		d

c i b

정육면체

	u		

b e c

다면체

	o	l			e	d			n

h o y p r

정다면체

	e		u	l		r		p	o	l		h		d	r	o	n

a y g e r

원

	i		c	l	

e c r

원기둥

		l	i	n		e	

y r c d

11

최빈값

		d	

o m e

중앙값

m			i		

n a e d

산술평균

			n

a e m

대푯값

a		e				

e g a v r

전수조사

			s		s

u n e c

표본추출

		m	p				g

i n a s l

12

백(100, 10^2)

		n	d			d

e r h u

천(1000, 10^3)

t			u		a	n	

o h s d

백만(10^6)

		l			o	n

l i i m

십억(10^9)

b		l	l			

i n o i

조(10^{12})

	r	i	l				

o n i t l

천조(10^{15})

q			d			l	l			

n r i a u i o

13

예각

	c	u						g	l	e

t e a a n

둔각

o		t			e		a	n			

g l e b u s

직각

	i	g						g		e

a n h t l r

평각

	t	r	a			h	t			n			

g l e s i g a

우각

r	e		l		x						

g l a n f e e

예각 삼각형

a				e					a	n	g	l	e

r i c u t t

14

덧셈

	d	d					

n o i t i a

뺄셈

s			t	r			t			n

b u c a i o

곱셈

		l	t	i				c	a	t	i		

o n u p m l i

나눗셈

	i		i		i		

v s d o n

연산

o	p		r			i	o	

e a t n

계산하다.

	a		c			a		e

l t c l u

15

원

	i		c	l	

e c r

원의 둘레

c		r				f	e		e		c	e

n r m i u c

지름

	i	a	m				

r e e t d

반지름

				u	s

i d a r

호

c r a

현

	h			

d o c r

16

동분모 분수(분모가 같은 분수)

l		k		■	f	r			t			n	s

e a c i i o

이분모 분수(분모가 다른 분수)

	n	l			e	■			a		t		o		s

r c i n u i k f

동치 분수

e	q			v		l		n		■	f		a			i	o	n	

r c a e t u i t s

분모

	e		o		i		a		o	

d n n m t r

분자

	u		e		a		o	

r r t n m

분모와 분자 사이에 있는 막대

f	r		c	t			n	■	b		

o a r a i

17

거의 두배

	e	a			d			b	l	

n e r o u

어림값

b		l	l	p		r	k		e			i		a		e

s t t a a m

최대값

m		x		m		m

i u a

최소값

	i		i		u	

n m m m

기준, 참조

b		n		h		a		k

c m e r

어림하다. 반올림하다

r	o			

n d u

18

평면도형

		a	n	e		f				r	e

l i p g u

밑변

b	a						n	e

s i e l

높이

	l		i	t			e

u d a t

옆변(밑변을 기준으로)

a l g

둘레

p	e					t	e	r

m e r i

꼭짓점

v	e				

r x t e

19

입체도형

	o		i	

l d s

모서리

e			

e g d

정점(입체도형의 밑면에서 가장 높은 곳에 있는 점)

	p		

e x a

겉넓이

	u			a		e		a		e	a

r r f c s

대각선

	i	a		o		a	

g n d l

옆면

l		t		r		l			a		e

e a a f c

20

정삼각형

				l	a	t	e	r	a	l					a	n	g	l	e

q t r e u i i

이등변삼각형

i	s	o					e	s		t	r					l	e

i s c e a n g l

부등변 삼각형

				e	n	e		t	r	i	a	n	g	l	e

c a s l

직각 삼각형

r						t	r	i	a	n	g	l	e

i h g t

예각 삼각형

						t	r	i	a	n	g	l	e

u c a e t

둔각 삼각형

			u	s	e		t	r	i	a	n	g	l	e

b o t

4 단계

가로세로 낱말 퍼즐

01

가로 열쇠

1. 덧셈. 두 개 혹은 그 이상의 수나 식을 합하는 계산
5. 빼다
6. 계산하다. 문제를 풀기 위해 필요한 산술 연산을 수행하는 것
8. 함수. 어떤 한 집합의 원소가 다른 집합의 원소와 대응되는 관계로, 한 집합의 원소는 다른 집합의 단 하나의 원소와 대응
10. 합. 덧셈의 결과
11. 분수. $\frac{a}{b}$ 꼴로 표현되는 수(단, b는 0이 아닌 수)

세로 열쇠

2. 나눗셈
3. 곱하다
4. 대괄호([ ]). 소괄호(( )), 중괄호({ })와 함께 계산식에서 계산 순서를 나타내기 위해 사용하는 기호
7. 단위. 길이, 무게, 부피, 시간 등을 잴 때, 기준으로 삼는 양
9. 수, 숫자. 자연수, 정수, 유리수, 무리수, 실수 등의 수를 총칭하는 말 혹은 이를 나타내는 기호

1
2
3
4
5
6
7
8
9
10
11

02

가로 열쇠

3. 피젯수. 나눗셈에서 나누어지는 수

4. 곱. 두 수를 곱한 결과

9. 조. 1,000의 4제곱(10^{12}). 1,000,000,000,000

10. 천, 1,000. 100이 10개 모인 수, 또는 10이 100개 모인 수

11. 나머지. 나눗셈을 할 때, 피젯수를 제수로 나누고 남은 나머지

세로 열쇠

1. 영(0). 아무것도 없음을 나타내는 수, 십진기수법에서는 자리값에 해당하는 수가 없음을 나타내는 숫자

2. 피승수, 곱해지는 수

5. 제수, 나누는 수

6. 몫. 나눗셈의 결과

7. 승수, 곱하는 수

8. 10억. million(백만)의 1,000배인 수(10^9)

03

가로 열쇠

5. 계란 모양의 평면도형

6. 다각형. 여러 개의 선분으로 이루어진 도형

7. 선, 직선. 양끝으로 한없이 늘린 곧은 선

9. 기하. 모양, 크기, 위치 등 도형의 성질을 연구하는 수학의 한 분야

10. 사각형, 4개의 선분으로 이루어진 도형

세로 열쇠

1. 오각형. 5개의 선분으로 이루어진 도형

2. 삼각형. 3개의 선분으로 이루어진 도형

3. 평행사변형. 두 쌍의 대변이 서로 평행인 사각형

4. 육각형. 6개의 선분으로 이루어진 다각형

6. 점. 공간에서 위치는 있으나 크기가 없는 것으로 0-차원에 해당

8. 원. 평면 위의 한 점으로부터 같은 거리에 있는 점들의 집합

04

가로 열쇠

2. 최고, 최대, 최댓값. 주어진 범위에 있는 수나 양에서 가장 큰 값

4. 한 뼘. 손을 쫙 폈을 때, 엄지에서 새끼손가락까지의 거리

6. $\frac{1}{4}$, 25센트, 15분

8. 밀리리터(mL). 천분의 일($\frac{1}{1,000}$)리터(L)에 해당하는 부피 단위

9. 들이, 용량, 용적. (1) 물이나 우유처럼 그릇이나 통 등의 용기에 담아야 잴 수 있는 물질의 부피 (2) 어떤 용기가 최대한 담을 수 있는 물질의 부피나 무게

10. 세제곱 미터(m^3). 한 변의 길이가 1 미터(meter)인 정육면체의 부피에 해당하는 부피의 관습 단위

세로 열쇠

1. 소수. 소수점을 이용해 나타내는 수

3. 거의 두 배. 6+7은 6의 두 배 보다 1 큰 것과 같이 어떤 수의 두 배에 가까운 경우

5. 대략, 약, ~정도. 정확한 값이 아닌, 대략적인 양이나 크기를 나타낼 때 사용되는 말

7. 근사값, 어림하다, 추정하다

05

가로 열쇠

2. 꼭짓점, 정점. 평면도형에서는 밑변으로부터 가장 높은 곳에 있는 점, 입체도형에서는 밑면으로부터 가장 높은 곳에 있는 점

4. 높이. 도형의 높이를 나타내는 선분 또는 선분의 길이

6. 밑변

7. 데시미터(dm). 1미터(m)의 $\frac{1}{10}$에 해당하는 길이단위

8. 이등분. 선분이나 각을 똑같은 두 부분으로 나누다.

9. 눈금자. 눈금이 새겨져 있는 곧은 자

세로 열쇠

1. 길이. 한끝에서 다른 한끝까지의 거리

2. (1)넓이. 면적 (2) 범위, 영역

3. 둘레. 도형의 가장자리 또는 가장자리를 한 바퀴 도는 길이

5. 킬로미터(km). 1미터(m)의 1,000배에 해당하는 길이 단위

06

가로 열쇠

4. 각도기. 각을 재는 도구

6. 무게, 중량

9. 높이

10. 길이. 한끝에서 다른 한끝까지의 거리

11. 최하, 최소, 최솟값(min). 주어진 범위에 있는 수나 양에서 가장 작은 값

세로 열쇠

1. 폭, 너비, 가로. 직사각형 혹은 직사각형 모양으로 된 물체의 한 변의 길이

2. (1)눈금 (2)저울 (3)그래프의 눈금 (4)축척

3. 직선자. 눈금이 없는 곧은 자로, 컴퍼스와 함께 주로 작도에 사용

5. 밀리그램(mg). 천분의 일($\frac{1}{1,000}$) 그램(g)에 해당하는 무게 단위

7. 높이. altitude와 비슷한 말

8. 부피. 입체도형이 차지하는 공간의 양

07

가로 열쇠

1. 돌리기. 회전이동의 초등수학용어

4. 반직선. 어느 한 점에서 어느 한 방향으로 곧게 뻗어 나가는 선

7. 밀기. 평행이동의 초등수학용어

8. 평면, 면. 하나의 직선을 나란히 이동시켰을 때 만들어지는 것

9. 회전이동. 한 점을 중심으로 도형을 돌리는 이동

10. 선분. 양 끝점을 곧게 이은 선

세로 열쇠

2. 반사, 거울반사, 선대칭이동. 도형의 외부에 있는 한 직선을 축으로 도형을 뒤집는 이동, 혹은 뒤집은 후에 생긴 이미지

3. 평행이동. 도형을 한 직선을 따라 평행하게 움직이는 이동

5. 뒤집기. 선대칭이동의 초등수학용어

6. 선, 직선. 양 끝으로 한없이 늘린 곧은 선

1
2
3
4
5
6
7
8
9
10
*

08

가로 열쇠

2. 꼭짓점, 정점. 평면도형에서는 밑변으로부터 가장 높은 곳에 있는 점, 입체도형에서는 밑면으로부터 가장 높은 곳에 있는 점

4. 원기둥

7. 높이

8. 구. 3차원에서 한 점으로부터 같은 거리에 있는 점들의 자취

9. 각뿔. 밑면이 다각형이고, 옆면이 삼각형인 입체도형

10. (1)밑변 (2)밑면(입체도형의)

세로 열쇠

1. 사면체. 4개의 다각형으로 둘러싸인 입체도형

3. 직각기둥. 밑면과 모든 옆면이 수직인 각기둥

5. 입체도형의 옆면

6. 다면체. 다각형의 면으로 둘러싸인 입체도형

1
2
3
4
5
6
7
*
8
*
9
10

09

가로 열쇠

7. 모든 변의 길이가 같은

8. 범위

10. 데시리터(dL). 1리터(L)의 $\frac{1}{10}$에 해당하는 부피 단위

세로 열쇠

1. 대각, 맞꼭지각. 두 직선이 만나서 생기는 네 개의 각들 중에 서로 마주보는 두 각

2. ~보다 작은(〈 또는 〉)

3. 측정, 치수. (1) 사물을 재는 것, 혹은 잰 결과 (2) 길이, 부피, 무게, 넓이, 시간, 온도, 속도 등과 같은 사물의 속성을 그에 맞는 단위를 이용하여 수나 양으로 나타내는 것

4. 수감각. 수의 의미, 수들 사이의 관계, 연산 후의 결과 등 수와 관련된 지식이나 직관

5. 도수, 빈도. 어떤 기간 동안 특정 사건이 발생한 횟수 또는 어떤 자료에서 특정 항목이 발생한 횟수

6. 계산기. 계산을 빠르고 정확하게 하기 위하여 사용하는 도구

9. 어림하다, 반올림하다. 어떤 수의 근사값을 취하다.

1
2
3
4
5
6
7
8
9
10
*
*
*

10

가로 열쇠

5. 수직선. 수를 표시해 놓은 직선

7. 기하판, 지오보드. 도형의 모양을 고무줄을 이용해 표현할 수 있도록 제작된 교구

8. 격자 종이. 여러 개의 선이 일정한 간격으로 교차하는 모양이 그려져 있는 종이

9. 칠교판, 탱그램. 정사각형 모양을 7개의 기본 도형으로 분할한 조각 퍼즐

세로 열쇠

1. 수 배열표. 수를 규칙에 따라 배열해 놓은 표

2. 퀴즈네르 막대. 자연수와 분수의 간단한 사칙계산이나 동치비 등을 지도할 때 사용되는 수학교구로, 1cm부터 10cm까지 길이와 색이 다른 10개의 막대를 기본구성으로 한다.

3. (1) 분수막대. 분수 $\frac{b}{a}$에서 a와 b 사이에 있는 막대

   (2) 분수모델. 막대를 이용한 분수모델

4. 십진블록. 일, 십, 백, 천에 해당하는 블록 모양의 수학교구

6. 점종이. 도형을 그리는데 도움이 되도록 점이 일정한 간격으로 그려져 있는 종이

11

가로 열쇠

2. 정수

7. 원의 둘레, 원주

8. (1) 인수 (2) 약수

9. 눈금자. 눈금이 새겨져 있는 곧은 자

세로 열쇠

1. 반원. 원을 지름을 축으로 접은 모양

3. (1) 비 (2) 비율. 두 수나 양 사이의 곱셈적 관계나 그것을 수량화한 값

4. 수형도. 자료를 세기 쉽도록 나뭇가지 모양으로 표시하는 자료 조직 방법

5. 기약분수로 나타내기

6. 둘레. 도형의 가장자리 또는 가장자리를 한 바퀴 도는 길이

1
2
3
4
5
6
7
*
8
9

12

가로 열쇠

1. 표본추출. 모집단을 대표하는 표본을 선출하는 행위

5. (1) 대푯값. 여러 개의 값으로 이루어진 하나의 자료를 대표하는 수치. 대푯값에는 산술평균(mean), 중앙값(median), 최빈값(mode) 등 세 가지가 있다.
   (2) 평균(산술평균)

6. 모집단. 통계적인 관찰대상이 되는 집단 전체

9. 평균, 산술평균. 자료들의 총합을 자료의 개수로 나눈 값

10. 막대그래프. 자료들을 비교하기 위해 막대 모양으로 나타낸 그래프의 한 종류

세로 열쇠

2. 최빈값. 자료의 특성을 나타내는 대푯값의 하나로, 주어진 상황에서 가장 많이 관측되는 수, 혹은 주어진 자료에서 가장 자주 나오는 값

3. 자료. 세거나, 측정하거나, 질문하거나 관찰하기를 통해 얻을 수 있는 정보

4. 중앙값. 자료의 값을 크기 순서로 배열했을 때, 중앙에 있는 값

7. 파이 그래프, 원그래프

8. 꺾은선 그래프. 두 점 사이를 선분으로 연결하여, 일정 기간의 변화, 경향, 패턴 등을 보여주는 그래프

13

가로 열쇠

3. 특이점, 이상점, 이산점. 자료의 분포에서 비정상적으로 벗어나 있는 점
8. 전개도(입체도형의)
9. 대각선. 다각형의 한 꼭짓점과 그 꼭짓점에 이웃하지 않은 다른 꼭짓점을 연결한 선분, 혹은 다면체의 한 꼭짓점과 그 꼭짓점과 같은 면에 있지 않은 다른 꼭짓점을 연결한 선분
10. 사면체. 4개의 다각형으로 둘러싸인 입체도형

세로 열쇠

1. 입체도형
2. 동분모 분수. 분모가 같은 둘 이상의 분수
4. 십의 자리. 십진기수법에서 오른쪽에서 두 번째 자리로, 10묶음의 개수를 기록하는 자리
5. 우각. 180° 보다 크고, 360° 보다 작은 각
6. 전개식. 234를 200+30+4 또는 2×100+3×10+4 등과 같이 나타낸 식
7. 두 자리 이상의. 89, 302, 6712 등과 같이 자릿수가 하나 보다 많은

1
2
3
4
5
6
7
8
9
10

14

가로 열쇠

2. 좌표

5. 테셀레이션. 한 가지 이상의 도형을 이용해 겹쳐짐이나 빈틈이 생기지 않도록 평면이나 공간을 덮는 것, 혹은 그 결과로 생긴 모양

7. 작도. 눈금이 없는 곧은 자와 컴퍼스만을 이용해 도형을 그리는 것

8. 다스. 12개를 묶어 세는 단위

9. 도(°). 각도를 재는 단위

세로 열쇠

1. 백분율. 기준량을 100으로 볼 때의 비율

3. 합동변환. 이동 후에도 거리가 그대로 보존되는 변환

4. 중점. 선분의 양 끝점으로부터 같은 거리에 있는 점

6. 100번째. $\frac{1}{100}$

1
2
3
4
5
*
6
7
8
9

15

가로 열쇠

1. 소수. 1과 자신 이외의 수를 약수로 갖지 않는 수

2. 더하기. 덧셈 기호. 양수를 나타내는 기호

6. 비, 비율

8. 세제곱미터. 한 변의 길이가 1m인 정육면체의 부피에 해당하는 부피 단위

9. 비례식. 두 비가 같다는 것을 나타낸 식

세로 열쇠

1. 자기 자신을 제외한 약수

3. 제곱미터. 한 변이 길이가 1m인 정사각형의 넓이에 해당하는 넓이 단위

4. 볼록다각형. 다각형 가운데 오목한 부분이 한 곳도 없는 볼록한 다각형

5. 분모. 분수 $\frac{b}{a}$에서 a

7. 현. 원 위의 두 점을 연결한 선분

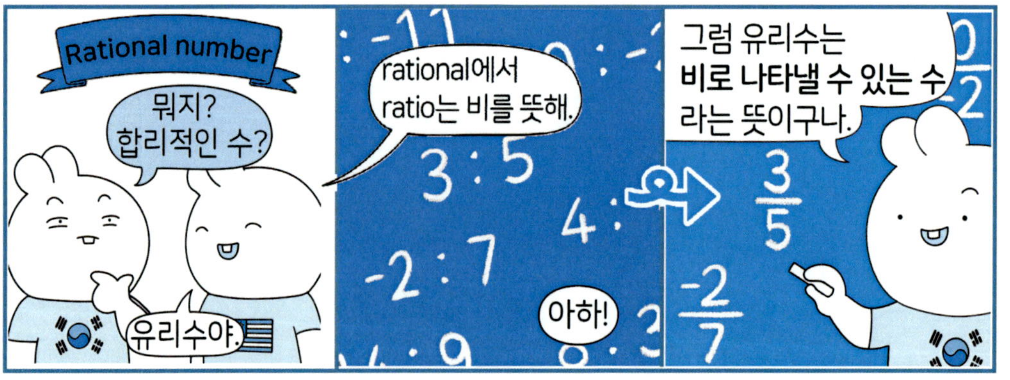

16

가로 열쇠

1. 감수. 9-2에서 2와 같이 뺄셈에서 빼는 수
3. 모서리. 입체도형을 구성하는 두 개의 면이 만나서 생기는 선분 또는 곡선
5. 타원
7. 연산. 덧셈, 뺄셈, 곱셈, 나눗셈 등과 같이 수를 대상으로 일정한 법칙에 따라 하나의 결과를 내는 조작
8. 피감수. 9-2에서 9와 같이 뺄셈에서 빼지는 수
9. 어림, 어림값

세로 열쇠

2. 식. 숫자, 문자, 연산기호, 집합기호 등을 이용해 표현된 수학적 문구
4. 차. 9-2=7에서 7과 같이 뺄셈의 결과
5. 등식. 등호(=)를 이용해 좌변과 우변이 같음을 나타낸 식
6. 등호(=)

1
2
3
4
5
6
7
*
8
9

17

가로 열쇠

1. 자릿값, 일의 자리, 십의 자리, 백의 자리 등과 같이 위치적 기수법 체계에서 자리의 가치

3. 나선, 나선형 곡선

6. 사다리꼴. 한 쌍의 마주보는 변이 평행인 사각형

8. 원뿔. 밑면이 원이고, 밑면을 포함하는 평면 이외의 공간에서 하나의 정점을 갖는 입체도형

9. 중괄호({ })

세로 열쇠

2. 동치비. 1:2, 2:4와 같이 비의 값이 같은 둘 이상의 비

4. 완전수. 6=1+2+3과 같이 자기 자신을 제외한 약수들의 합이 자기 자신이 되는 수

5. 짝수. 2, 4, 6, 8, ...등과 같은 수

7. 홀수, 1, 3, 5, 7, ...등과 같은 수

8. 컴퍼스. 원이나 호를 그리거나 선분을 옮길 때 사용하는 도구

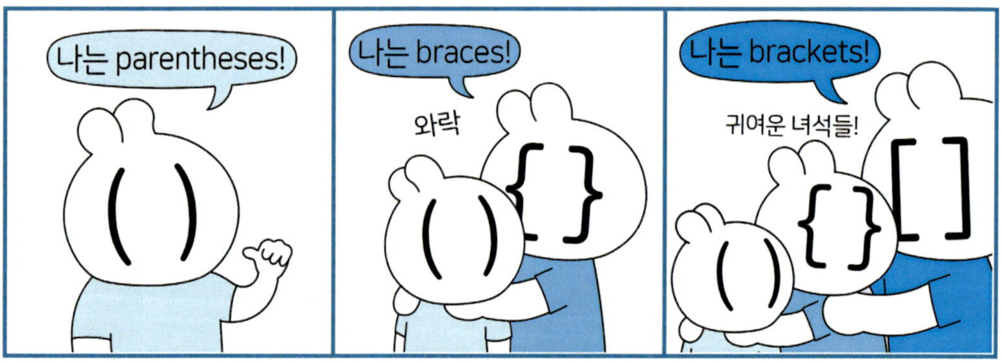

18

가로 열쇠

2. 차원. 넓이, 면적, 영역

7. 대칭

8. 도형에서 모든 각의 크기가 같은

9. 사면체. 4개의 면으로 둘러싸인 입체도형

세로 열쇠

1. 직선자. 눈금이 없는 곧은 자로 컴퍼스와 함께 주로 작도에 사용된다.

3. 배수. 어떤 수를 한 배, 두 배, 세 배,...하여 나온 수

4. 공배수. 둘 이상의 수에 공통이 되는 배수

5. 인수, 약수

6. 나누어떨어지는, 어떤 수를 다른 수로 나눌 때 나머지가 없는 경우

19

가로 열쇠

1. 각도기. 각을 재는 도구

3. 구골. 10의 100제곱

6. 통계. 통계학

9. 숫자. 수를 나타내는 기호

10. 표. 자료를 어떤 기준에 따라 행과 열로 정리해 놓은 것

11. 연 모양의 사각형. 이웃하는 두 변의 길이가 같고, 두 대각선이 직교하는 사각형

세로 열쇠

2. 직육면체. 모든 면이 직사각형인 각기둥

4. 계란 모양의 평면도형

5. 원점. 좌표계에서 x축과 y축이 만나는 점 또는 수직선에서 영(0)이 표시되는 점

7. 수나 사물을 셀 때, 줄을 그어 하나씩 표시하는 방식

8. 큐빗. 18~22인치 정도의 길이를 나타내는 고대 단위로, 팔꿈치에서 가운데 손가락까지의 길이

	1						2			
3		4		5						
6										
										7
		8		9						
10										
11										

20

가로 열쇠

3. 칠각형. 7개의 선분으로 둘러싸인 다각형

5. 시계의 시침

9. 직각기둥. 밑면과 옆면이 수직인 각기둥

10. 둔각. 90°보다 크고 180°보다 작은 각

세로 열쇠

1. 교차하다. 만나다.

2. 옆변. 사다리꼴의 윗변과 아랫변을 제외한 두 변

4. 자연수. 1, 2, 3, ...등과 같은 수

6. 팔각형. 8개의 선분으로 둘러싸인 다각형

7. 알고리즘. 유한 번의 단계를 거치면 답에 이르게 하는 단계 혹은 절차

8. 마름모. 네 변의 길이가 같은 사각형

1
2
3
4
5
6
7
8
9
10

정 답

정답 1단계

01

E	A	P	P	L	E	I	F	N	T	C	X	G	N	T
X	E	C	J	Y	L	N	O	H	A	Y	J	G	F	L
P	G	X	N	T	M	I	K	W	B	H	I	L	E	O
R	O	S	P	S	T	C	I	V	T	S	O	B	K	E
E	E	P	Q	A	B	E	K	J	L	S	M	A	P	T
S	V	K	U	G	N	H	F	A	H	U	M	A	N	J
S	O	Q	R	F	G	D	U	C	N	M	O	A	E	Y
I	E	R	A	Y	X	Q	E	T	M	O	U	O	A	G
O	S	I	T	G	E	A	A	D	Z	P	M	E	T	P
N	C	M	H	L	S	R	C	S	F	H	R	I	S	K
J	O	D	D	N	U	M	B	E	R	O	E	F	W	D
T	A	O	P	G	X	E	K	A	B	Q	R	L	A	O
W	T	I	I	A	F	Y	E	D	Q	Z	D	M	V	G
L	K	F	O	P	E	R	A	T	I	O	N	D	T	D
E	V	E	N	N	U	M	B	E	R	D	I	G	I	T

02

A	B	G	M	H	S	T	A	T	I	S	T	I	C	S
I	E	K	A	W	F	E	B	H	O	R	A	N	G	E
C	O	N	L	U	L	Y	U	G	F	P	M	L	C	A
M	H	S	C	B	K	L	E	D	A	T	A	Q	I	V
D	G	T	A	F	B	A	N	A	N	A	J	N	G	E
M	U	T	G	M	O	R	J	A	M	A	O	C	R	R
E	H	D	F	S	P	N	D	W	E	L	F	P	E	A
D	N	O	H	Y	D	L	C	E	N	S	U	S	K	G
I	Z	D	S	B	G	H	I	W	T	V	B	O	I	E
A	E	K	I	H	A	Q	Q	N	G	H	Y	E	O	A
N	B	A	E	N	M	A	B	E	G	U	D	T	M	H
A	R	V	M	U	F	O	M	J	A	B	V	K	E	G
J	A	Y	G	D	J	M	D	G	C	Z	W	O	A	J
G	C	N	E	Q	K	U	C	E	M	I	D	A	N	B
P	R	O	B	A	B	I	L	I	T	Y	R	V	H	D

03

P	B	A	C	A	U	M	W	I	P	F	U	N	T	V
O	U	P	E	E	T	C	I	Z	M	U	E	A	J	M
P	K	P	S	Y	B	O	F	J	E	P	E	I	C	P
C	A	R	K	V	J	S	K	A	C	R	R	O	F	A
O	I	O	C	L	U	L	T	E	F	U	O	S	T	C
R	J	X	I	F	B	T	I	Y	O	A	S	V	X	E
N	B	I	N	E	A	R	D	O	U	B	L	E	J	M
M	I	M	I	L	L	I	O	N	C	J	U	Q	U	C
T	L	A	M	S	R	L	K	W	E	R	L	M	I	A
H	L	T	H	A	B	L	X	T	O	T	I	K	F	M
O	I	E	C	F	U	I	E	A	B	X	Z	F	J	P
U	O	N	B	X	R	O	H	B	A	R	Y	C	K	E
S	N	U	O	M	I	N	I	M	U	M	R	E	I	A
A	T	M	M	M	I	K	A	T	R	I	P	L	V	O
N	C	B	U	C	E	L	E	P	H	A	N	T	Z	M
D	A	E	L	V	R	T	P	L	U	B	A	Y	K	L
U	I	R	O	P	K	C	A	L	C	U	L	A	T	E

04

P	C	A	L	I	F	O	R	N	I	A	A	H	R	C
F	L	H	F	I	P	O	I	N	T	G	K	A	L	D
M	B	A	T	L	R	H	B	W	U	H	L	C	I	G
A	I	T	N	U	E	N	M	L	B	U	T	M	A	H
H	D	K	Z	E	Y	A	E	M	C	C	F	U	H	I
V	A	N	G	C	Y	L	D	I	Z	M	R	S	G	N
R	G	L	K	B	L	L	D	W	L	I	N	E	C	T
A	U	K	H	A	A	N	A	I	G	E	B	A	R	E
Y	N	J	R	G	E	T	R	O	B	N	N	K	W	R
D	R	A	B	P	E	L	C	T	A	D	O	B	D	S
Y	P	K	R	M	D	Y	M	K	H	P	R	Y	G	E
K	B	E	G	W	H	A	T	L	N	O	I	K	A	C
I	P	F	L	V	Y	N	R	T	B	I	S	E	C	T
A	T	H	A	N	K	S	U	A	W	N	J	C	M	D
L	I	N	E	S	E	G	M	E	N	T	A	G	O	A

05

A	O	G	N	H	C	A	C	I	R	C	L	E	O	E
M	O	O	N	T	O	H	M	A	K	V	F	M	C	B
R	T	G	I	F	N	U	R	N	H	F	T	N	C	R
E	A	R	T	H	C	H	D	I	A	M	E	T	E	R
U	H	A	G	B	E	U	B	J	D	R	A	O	N	A
J	V	H	D	U	N	V	D	H	E	B	J	K	T	G
R	S	F	I	J	T	I	A	F	U	G	D	H	E	Y
A	E	A	G	D	R	E	M	J	R	N	K	S	R	J
D	M	Y	N	I	I	U	C	B	E	A	R	P	O	F
I	I	M	O	J	C	A	G	L	D	T	M	H	F	A
U	C	F	E	R	C	E	K	U	R	E	H	E	F	B
S	I	H	I	T	I	O	G	E	D	C	A	R	C	J
A	R	C	B	O	R	R	H	A	O	D	L	E	A	H
K	C	U	M	R	C	G	T	J	R	U	G	E	R	K
R	L	A	T	G	L	B	M	I	K	N	U	A	C	G
G	E	J	P	U	E	E	L	L	I	P	S	E	L	M
F	H	O	I	B	S	A	Y	O	R	A	F	N	E	A

06

P	Q	U	A	D	R	A	N	G	L	E	N	S	X	V
O	E	T	D	I	A	G	O	N	A	L	V	E	N	P
H	B	N	U	U	E	B	E	A	N	B	T	T	O	E
N	Q	R	T	H	N	D	O	G	E	R	M	F	H	R
N	H	A	A	A	F	S	T	G	E	I	G	H	M	I
W	E	L	R	S	G	E	R	V	H	T	F	J	V	M
G	X	T	P	T	N	O	I	M	V	D	G	N	E	E
H	A	R	B	E	D	F	N	H	G	M	O	D	B	T
B	G	I	L	A	N	H	N	F	H	G	U	I	O	E
E	O	A	Y	H	S	O	G	D	Y	T	F	A	J	R
F	N	N	G	N	V	E	L	L	I	L	S	A	V	W
S	S	G	O	P	M	G	O	T	G	O	T	O	H	G
G	O	L	N	C	E	P	L	B	S	E	N	N	F	V
W	P	E	G	S	J	A	J	O	L	J	W	A	N	E
E	T	R	I	B	N	G	L	E	V	M	T	L	O	B

07

R	R	G	K	D	O	U	R	G	H	K	O	K	N	V
A	N	N	T	B	E	J	U	B	J	I	R	K	U	A
T	U	L	A	A	X	N	S	V	T	O	A	M	M	L
I	J	B	I	H	R	A	O	A	U	O	T	V	E	I
O	M	H	N	K	M	U	R	M	S	E	U	J	R	K
N	R	P	A	D	E	L	J	U	I	K	G	L	A	E
A	A	E	J	S	A	F	R	B	K	N	J	U	T	R
L	E	R	L	U	D	C	R	T	G	T	A	E	O	R
N	U	C	Q	A	O	L	V	A	E	U	A	T	R	A
U	S	E	M	O	C	B	G	S	C	A	N	V	O	C
M	K	N	R	V	G	J	Y	L	M	T	E	A	J	R
B	A	T	B	R	A	T	I	O	E	N	I	M	R	I
E	V	A	X	H	X	K	E	K	T	M	U	O	L	O
R	S	G	P	R	O	P	O	R	T	I	O	N	N	N
G	M	E	J	H	G	B	A	L	R	J	G	K	A	S

08

S	W	A	V	R	J	C	S	T	A	R	R	M	R	O
O	U	J	A	D	A	D	D	I	T	I	O	N	E	W
R	H	B	K	M	I	F	A	C	L	E	V	Q	P	J
H	B	M	T	Y	E	V	G	A	W	X	O	U	E	A
A	Q	D	A	R	E	R	I	H	K	V	A	O	A	N
P	B	I	X	J	A	J	O	S	M	R	N	T	T	R
P	X	F	A	O	Q	C	B	B	I	H	W	I	E	O
Y	A	F	O	C	H	V	T	K	H	O	Y	E	D	J
J	R	E	M	W	K	L	F	I	B	U	N	N	A	B
F	L	R	W	B	H	Y	A	J	O	O	I	T	D	W
R	B	E	P	R	O	D	U	C	T	N	E	X	D	V
Y	M	N	Y	V	J	R	N	C	V	J	W	K	I	R
V	R	C	H	R	E	M	A	I	N	D	E	R	T	F
W	K	E	J	R	W	O	L	N	A	E	B	F	I	A
C	M	U	L	T	I	P	L	I	C	A	T	I	O	N
O	R	X	E	B	N	S	U	M	M	W	O	L	N	B

09

A	P	Y	R	A	M	I	D	X	H	Q	B	E	A	N
W	L	I	F	E	B	O	X	O	B	U	M	V	E	F
T	V	L	A	T	E	R	A	L	F	A	C	E	M	L
M	R	X	J	F	W	S	E	R	N	D	B	A	S	E
F	B	I	D	A	M	Q	B	A	H	R	K	D	F	W
L	N	A	A	K	V	V	Y	I	K	A	F	A	C	I
O	L	E	I	N	C	U	B	E	J	N	R	N	Y	Q
W	M	F	I	E	G	O	S	J	S	G	I	D	L	B
E	H	L	N	A	D	U	L	E	M	U	V	W	I	A
R	J	O	J	F	A	Q	L	S	K	L	F	S	N	X
Q	C	I	L	F	D	U	C	A	B	A	B	N	D	H
A	K	B	N	I	Y	M	S	Q	R	R	F	H	E	F
F	C	J	O	T	E	H	I	H	C	P	E	G	R	J
W	M	B	K	Q	E	A	J	N	A	R	R	M	M	A
Y	U	V	P	R	I	S	M	L	K	I	R	I	G	H
C	I	E	M	T	J	R	T	X	Y	S	A	Q	S	W
Y	E	L	L	O	W	W	I	N	B	M	L	F	V	M

10

I	R	J	A	R	E	F	L	E	X	A	N	G	L	E
N	O	M	C	O	P	C	R	N	I	J	N	R	P	J
A	X	B	U	I	B	R	O	B	O	O	K	M	I	E
L	I	A	T	V	L	T	O	Y	Q	P	M	Y	L	I
A	P	O	E	U	A	I	U	T	R	K	P	G	L	V
R	M	J	T	Y	S	H	R	S	R	H	N	V	O	A
X	A	R	R	O	H	E	R	C	E	A	G	I	J	G
V	N	M	I	C	M	N	T	J	I	A	C	X	M	P
A	G	H	A	A	I	R	P	R	B	X	N	T	M	R
L	L	J	N	P	L	V	T	C	I	A	V	G	O	I
W	E	R	G	Y	Q	T	K	O	V	A	P	J	L	R
H	I	X	L	O	H	J	C	A	R	J	N	R	M	E
I	K	W	E	G	A	C	U	T	E	A	N	G	L	E
T	R	Q	I	H	A	K	A	L	I	R	X	N	L	A
E	L	R	Q	A	R	I	G	H	T	A	N	G	L	E

정답 2 단계

01

angle • 각

triangle • 삼각형

quadrangle • 사각형

rectangle • 직사각형

02

 • triangle

 • angle

 • rectangle

 • quadrangle

03

quad • 4, 넷

quadrangle • 사각형

quardrilateral • 사변형

quadrillion • 1000, 000, 000, 000, 000 (1000뒤에 000이 4번 붙음)

quater • $\frac{1}{4}$, 넷 중 하나

04

 • quadrangle quardrilateral

4, four • quad

$\frac{1}{4}$, 25% • quater

1,000,000,000,000,000 • quadrillion

05

cent • $\frac{1}{100}$ 달러

centigram • $\frac{1}{100}$ 그램

centiliter • $\frac{1}{100}$ 리터

centimeter • $\frac{1}{100}$ 미터

century • 1세기, 100년

percent • 백분율(%)

06

cg($\frac{1}{100}$g)	**centigram**
$\frac{1}{100}$달러	**cent**
cm($\frac{1}{100}$m)	**centimeter**
cL($\frac{1}{100}$L)	**centiliter**
백분율(%)	**percent**
1세기(100년)	**century**

07

cube	세제곱, 정육면체
cubic yard	세제곱 야드
cubic centimeter	세제곱 센티미터
cubic inch	세제곱 인치
cubic meter	세제곱 미터
cuboid	직육면체

08

yd^3	**cubic yard**
in^3	**cubic inch**
cm^3	**cubic centimeter**
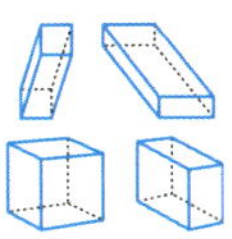	**cuboid**
m^3	**cubic meter**
	**cube**

09

deca-	10의
decade	10년
decagon	10각형

10

deci	$\frac{1}{10}$의
decigram	1그램의 $\frac{1}{10}$
deciliter	1리터의 $\frac{1}{10}$
decimal fraction	십진분수 (분모가 10, 100, 1000... 인 분수)
decimal number	소수
decimal point	소수점
deciliter	1리터의 $\frac{1}{10}$

11

poly	많은
polygon	다각형
polyhedron	다면체

12

- ~gon • ~각형
- polygon • 다각형
- pentagon • 오각형
- hexagon • 육각형
- heptagon • 칠각형
- octagon • 팔각형
- nonagon • 구각형
- dodecagon • 십이각형

13

- ~hedron • ~면체
- tetrahedron • 4면체
- octahedron • 8면체
- icosahedron • 20면체
- dodecahedron • 12면체
- hexahedron • 6면체

14

- regular • 고른, 규칙적인
- regular polygon • 정다각형
- regular polyhedron • 정다면체

15

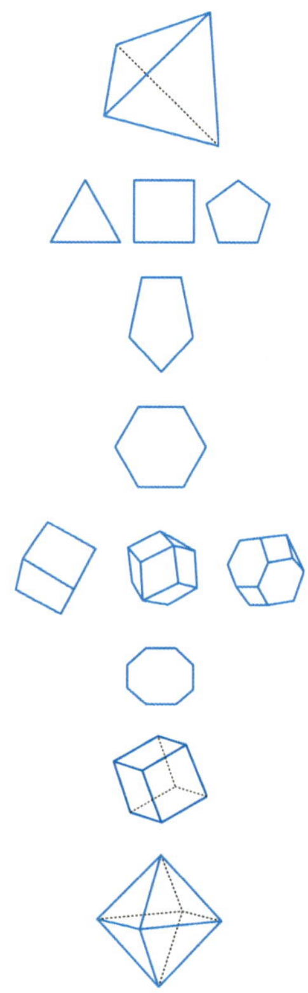

- tetrahedron
- polygon
- pentagon
- hexagon
- polyhedron
- octagon
- hexahedron
- octahedron

16

- equal • 같은
- equal sign • 등호(=)
- equation • 등식
- equiangular polygon • 모든 각의 크기가 같은 다각형
- equilateral polygon • 모든 변의 길이가 같은 다각형
- equilateral triangle • 정삼각형
- equivalent fraction • 동치분수

17

등호(=)	• equal sign
9-6=3, x+5=7	• equation
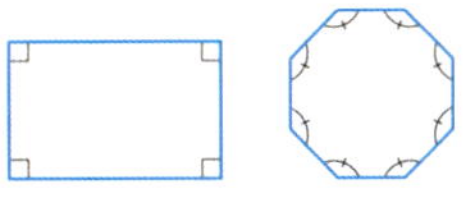	• equiangular polygon
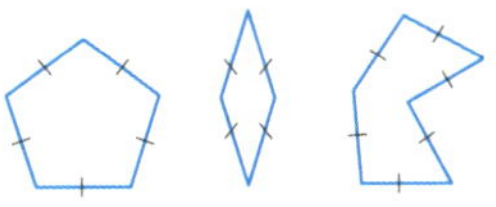	• equilateral polygon
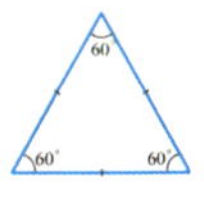	• equilateral triangle
$\frac{1}{2}=\frac{2}{4}=\frac{3}{6}=\cdots$	• equivalent fraction

18

iso	• 같은
isometric	• 같은 치수의
isometry	• 합동변환
isosceles trapezoid	• 등변 사다리꼴
isosceles triangle	• 이등변 삼각형

19

정다각형	• regular polygon
정삼각형	• equilateral triangle
등변 사다리꼴	• isosceles trapezoid
이등변 삼각형	• isosceles triangle

20

kilo	• 천(1,000)
kilogram	• 1,000 그램
kiloliter	• 1,000 리터
kilometer	• 1,000 미터

21

milli	• 천분의 일($\frac{1}{1000}$)
milligram	• $\frac{1}{1000}$ 그램
milliliter	• $\frac{1}{1000}$ 리터
millimeter	• $\frac{1}{1000}$ 미터
millennium	• 천년(1,000년)
million	• 백만(1,000,000)

22

천(1,000)	• thousand
1,000년	• millennium
백만(1,000,000)	• million
㎜($\frac{1}{1000}$m)	• millimeter
㎎($\frac{1}{1000}$g)	• milligram
㎖($\frac{1}{1000}$L)	• milliliter
㎞(1000m)	• kilometer
㎏(1000g)	• kilogram
kl(1000L)	• kiloliter

23

number • 수

number line • 수직선

number sentence • 수들 사이의 관계를 나타낸 식

numeral • 숫자

numeral system • 기수법

numerator • 분자

24

숫자 • numeral

$\frac{3}{5}$ ← • numerator

기수법 • numeral system

3, $\frac{2}{5}$, -8, 1.56, ... • number

수들 사이의 관계를 나타낸 식 • number setence

• number line

25

right • 바른

right angle • 직각

right cone • 직원뿔

right cylinder • 직원기둥

right prism • 직각기둥

right pyramid • 직각뿔

right triangle • 직각삼각형

rectangle • 직사각형

26

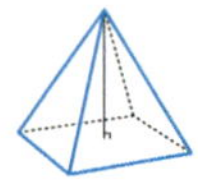
• right pyramid

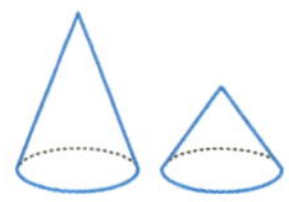
• right cone

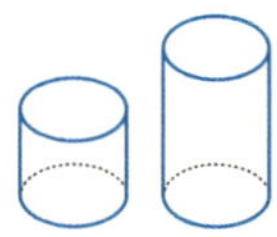
• right cylinder

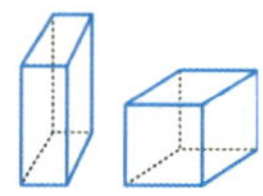
• right prism

• right angle

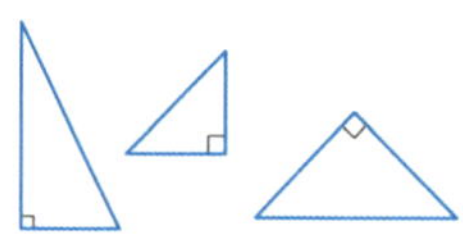
• right triangle

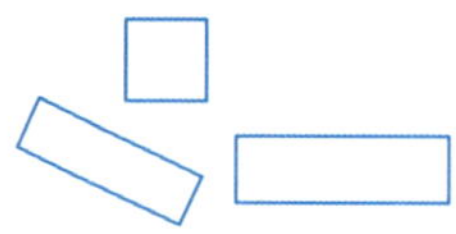
• rectangle

27

square • 제곱, 정사각형

square centimeter • 제곱센티미터

square inch • 제곱인치

square kilometer • 제곱킬로미터

square meter • 제곱미터

square number • 제곱수

square pyramid • 정사각뿔

square root • 제곱근

28

=	equal sign
+	addition sign
—	subtraction sign
×	multiplication sign
÷	division sign

29

cm^2	square centimeter
in^2	square inch
km^2	square kilometer
m^2	square meter
제곱, 정사각형	square
$\sqrt{\ }$	square root
1, 4, 9, 16, 25, ···	square number
	square pyramid

30

angle	각
right angle	직각
obtuse angle	둔각
acute angle	예각
straight angle	평각
reflex angle	우각
complete angle	온각

31

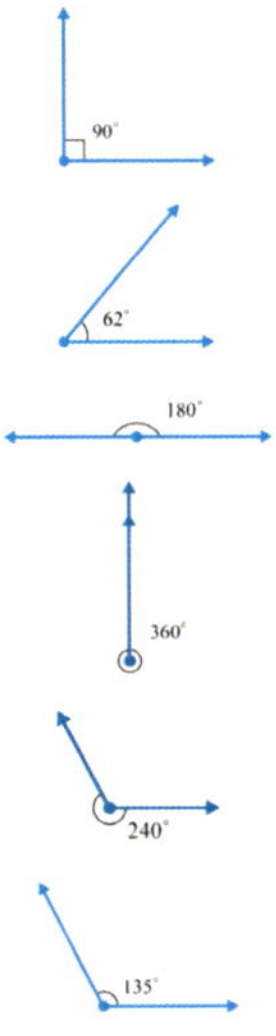

- right angle
- acute angle
- straight angle
- complete angle
- reflex angle
- obtuse angle

32

fraction	분수
proper fraction	진분수
improper fraction	가분수
mixed fraction	대분수 또는 혼분수
decimal fraction	십진분수

33

분수	fraction
$\frac{1}{5}, \frac{2}{5}, \frac{3}{5}, \frac{4}{5}$	proper fraction
$\frac{5}{5}, \frac{6}{5}, \frac{7}{5}, \cdots$	improper fraction
$2\frac{2}{4}, 1\frac{3}{5}, 7\frac{8}{9}, \cdots$	mixed fraction
$\frac{2}{10}, \frac{71}{100}, \frac{101}{1000}, \cdots$	decimal fraction

정답 3 단계

01

약수

f	a	c	t	o	r

공약수

c	o	m	m	o	n		f	a	c	t	o	r

최대공약수

g	r	e	a	t	e	s	t		c	o	m	m	o	n		f	a	c	t	o	r

배수

m	u	l	t	i	p	l	e

공배수

c	o	m	m	o	n		m	u	l	t	i	p	l	e

최소공배수

l	e	a	s	t		c	o	m	m	o	n		m	u	l	t	i	p	l	e

02

사각형

q	u	a	d	r	a	n	g	l	e

직사각형

r	e	c	t	a	n	g	l	e

정사각형

s	q	u	a	r	e

평행사변형

p	a	r	a	l	l	e	l	o	g	r	a	m

사다리꼴

t	r	a	p	e	z	o	i	d

마름모

r	h	o	m	b	u	s

03

각기둥

p	r	i	s	m

삼각기둥

t	r	i	a	n	g	u	l	a	r		p	r	i	s	m

사각기둥

q	u	a	d	r	a	n	g	u	l	a	r		p	r	i	s	m

각뿔

p	y	r	a	m	i	d

삼각뿔

t	r	i	a	n	g	u	l	a	r		p	y	r	a	m	i	d

사각뿔

q	u	a	d	r	a	n	g	u	l	a	r		p	y	r	a	m	i	d

04

분수

f	r	a	c	t	i	o	n

가분수

i	m	p	r	o	p	e	r		f	r	a	c	t	i	o	n

진분수

p	r	o	p	e	r		f	a	c	t	i	o	n

대분수

m	i	x	e	d		f	r	a	c	t	i	o	n

기약분수

s	i	m	p	l	e	s	t		f	o	r	m		o	f		a	

f	r	a	c	t	i	o	n

십진분수

d	e	c	i	m	a	l		f	r	a	c	t	i	o	n

05

수직인

perpendicular

평행한

parallel

이등분

bisect

교차하다(만나다)

intersect

이웃변

adjacent sides

이웃각

adjacent angles

06

자료

data

그림그래프

picture graph

막대그래프

bar graph

꺾은선그래프

l	i	n	e		g	r	a	p	h

원그래프

c	i	r	c	l	e		g	r	a	p	h

줄기-잎 그림

s	t	e	m	-	a	n	d	-	l	e	a	f		p	l	o	t

07

길이

l	e	n	g	t	h

넓이

a	r	e	a

부피

v	o	l	u	m	e

온도

t	e	m	p	e	r	a	t	u	r	e

무게

w	e	i	g	h	t

들이(용량)

c	a	p	a	c	i	t	y

08

자연수

n	a	t	u	r	a	l		n	u	m	b	e	r

분수

f	r	a	c	t	i	o	n

소수(소수점을 이용해 나타내는 수)

d	e	c	i	m	a	l		n	u	m	b	e	r

유리수

r	a	t	i	o	n	a	l		n	u	m	b	e	r

무리수

i	r	r	a	t	i	o	n	a	l		n	u	m	b	e	r

범자연수(0과 자연수)

w	h	o	l	e		n	u	m	b	e	r

09

삼각형

t	r	i	a	n	g	l	e

사각형

q	u	a	d	r	a	n	g	l	e

오각형

p	e	n	t	a	g	o	n

육각형

h e x a g o n

팔각형

o c t a g o n

다각형

p o l y g o n

10

직육면체

c u b o i d

정육면체

c u b e

다면체

p o l y h e d r o n

정다면체

r e g u l a r   p o l y h e d r o n

원

c i r c l e

원기둥

c y l i n d e r

11

최빈값

m	o	d	e

중앙값

m	e	d	i	a	n

산술평균

m	e	a	n

대푯값

a	v	e	r	a	g	e

전수조사

c	e	n	s	u	s

표본추출

s	a	m	p	l	i	n	g

12

백(10^2)

h	u	n	d	r	e	d

천(10^3)

t	h	o	u	s	a	n	d

백만(10^6)

m	i	l	l	i	o	n

십억(10^{9})

b	i	l	l	i	o	n

조(10^{12})

t	r	i	l	l	i	o	n

천조(10^{15})

q	u	a	d	r	i	l	l	i	o	n

13

예각

a	c	u	t	e		a	n	g	l	e

둔각

o	b	t	u	s	e		a	n	g	l	e

직각

r	i	g	h	t		a	n	g	l	e

평각

s	t	r	a	i	g	h	t		a	n	g	l	e

우각

r	e	f	l	e	x		a	n	g	l	e

예각 삼각형

a	c	u	t	e		t	r	i	a	n	g	l	e

14

덧셈

a	d	d	i	t	i	o	n

뺄셈

s	u	b	t	r	a	c	t	i	o	n

곱셈

m	u	l	t	i	p	l	i	c	a	t	i	o	n

나눗셈

d	i	v	i	s	i	o	n

연산

o	p	e	r	a	t	i	o	n

계산하다.

c	a	l	c	u	l	a	t	e

15

원

c	i	r	c	l	e

원의 둘레

c	i	r	c	u	m	f	e	r	e	n	c	e

지름

d	i	a	m	e	t	e	r

반지름

r	a	d	i	u	s

호

a	r	c

현

c	h	o	r	d

16

동분모 분수(분모가 같은 분수)

l	i	k	e		f	r	a	c	t	i	o	n	s

이분모 분수(분모가 다른 분수)

u	n	l	i	k	e		f	r	a	c	t	i	o	n	s

동치 분수

e	q	u	i	v	a	l	e	n	t		f	r	a	c	t	i	o	n	s

분모

d	e	n	o	m	i	n	a	t	o	r

분자

n	u	m	e	r	a	t	o	r

분모와 분자 사이에 있는 막대

f	r	a	c	t	i	o	n		b	a	r

17

거의 두배

near double

어림값

ballpark estimate

최대값

maximum

최소값

minimum

기준, 참조

benchmark

어림하다. 반올림하다

round

18

평면도형

plane figure

밑변

base line

높이

altitudc

옆변(밑변을 기준으로)

l	a	g

둘레

p	e	r	i	m	e	t	e	r

꼭짓점

v	e	r	t	e	x

19

입체도형

s	o	l	i	d

모서리

e	d	g	e

정점(입체도형의 밑면에서 가장 높은 곳에 있는 점)

a	p	e	x

겉넓이

s	u	r	f	a	c	e		a	r	e	a

대각선

d	i	a	g	o	n	a	l

옆면

l	a	t	e	r	a	l		f	a	c	e

20

정삼각형

e	q	u	i	l	a	t	e	r	a	l		t	r	i	a	n	g	l	e

이등변삼각형

i	s	o	s	c	e	l	e	s		t	r	i	a	n	g	l	e

부등변 삼각형

s	c	a	l	e	n	e		t	r	i	a	n	g	l	e

직각 삼각형

r	i	g	h	t		t	r	i	a	n	g	l	e

예각 삼각형

a	c	u	t	e		t	r	i	a	n	g	l	e

둔각 삼각형

o	b	t	u	s	e		t	r	i	a	n	g	l	e

정답 4 단계

01

1A	D	2D	I	T	I	O	N		
		I							3M
		V					4B		U
		I					R		L
		5S	U	B	T	R	A	C	T
		I					K		I
	6C	O	M	P	7U	T	E		P
		N			N		T		L
					I				Y
	8F	U	9N	C	T	I	O	N	
			U						
	10S	U	M						
			B						
			E						
		11F	R	A	C	T	I	O	N

만화 해설 영어권에서는 3×4를 three times four로 읽으며, 4의 3배로 해석한다.

02

					1Z				2M
3D	I	V	I	D	E	N	D		U
					R				L
			4P	R	O	5D	U	C	T
		6Q				I			I
7M		U				V			P
U		O		8B		I			L
L		T		I		S			I
9T	R	I	L	L	I	O	N		C
I		E		L		R			A
P		N		I					N
L		10T	H	O	U	S	A	N	D
I				N					
E									
11R	E	M	A	I	N	D	E	R	

03

						1P			2T
						E			R
		3P				N			I
		A		4H		T			A
		R		E		A			N
		A		X		G			G
		L		A		5O	V	A	L
6P	O	L	Y	G	O	N			E
O		E		O					
I		7L	I	N	E			8C	
N		O						I	
T		9G	E	O	M	E	T	R	Y
		R						C	
10Q	U	A	D	R	A	N	G	L	E
		M						E	

만화 해설 일부 영어권에서 평행사변형은 사다리꼴에 포함되지 않는다. 오직 한 쌍의 대변이 평행한 경우를 사다리꼴이라 하기 때문이다.

04

1D				2M	A	X	I	M	U	M	
E			3N								
C			E								
I		4H	A	N	D	*	S	P	5A	N	
M			R						B		
A			*						O		
L			D						U		
*			O						T		
N		6Q	U	A	R	T	7E	R			
U			B				S				
8M	I	L	L	I	L	I	T	E	R		
B			E				I				
E							M				
R				9C	A	P	A	C	I	T	Y
							T				
10C	U	B	I	C	*	M	E	T	E	R	

05

			1L						
	2A	P	E	X					
	R		N						
	E		G					3P	
	4A	L	T	I	T	U	D	E	
			H					R	
					5K			I	
					I			M	
6B	A	S	E	*	L	I	N	E	
					O			T	
	7D	E	C	I	M	E	T	E	R
					E			R	
8B	I	S	E	C	T				
					E				
					9R	U	L	E	R

만화 해설 '밑변'에서 '밑'은 '아래'가 아니라 '기준'을 뜻한다.

06

			1W						
			I		2S				3S
			D		C				T
4P	R	O	T	R	A	C	T	O	R
			H		L				A
					E				I
			5M						G
	6W	E	I	G	7H	T			H
			L		E				T
8V		9A	L	T	I	T	U	D	E
O			I		G				D
10L	E	N	G	T	H				G
U			R		T				E
M			A						
E			11M	I	N	I	M	U	M

07

1T	U	2R	N			3T					
		E				4R	A	Y			
		F				A					
		L		5F		N		6L			
		E		L		7S	L	I	D	E	
		C		I		L		N			
		T		8P	L	A	N	E			
		I				T					
	9R	O	T	A	T	I	O	N			
		N				O					
						N					
10L	I	N	E	*	S	E	G	M	E	N	T

만화 해설 slide, flip, turn은 초등수학용어이며, 엄밀히 말해 수학용어는 아니나.

08

								1T			
						2A	P	E	X		
				3R				T			
	4C	Y	L	I	N	D	E	R			5L
				G				A			A
		6P		7H	E	I	G	H	T		T
		O		T				E			E
		L		*				D			R
		Y		P				R			A
8S	P	H	E	R	E			O			L
		E		I				N			*
		D		S							F
9P	Y	R	A	M	I	D					A
		O									C
		N						10B	A	S	E

09

1V								2L		3M		
E		4N		5F				E		E		
R		U		R				S		A		
T		M		E				S		S		6C
I		B		Q				*		U		A
C		7E	Q	U	I	L	A	T	E	R	A	L
A		R		E				H		E		C
L		*		N				A		M		U
*		S		C		8R	A	N	G	E		L
A		E		Y						N		A
N		N								T		T
G		S		9R								O
L		E		O								R
E				U								
S				N								
				10D	E	C	I	L	I	T	E	R

만화 해설 'centi'는 meter, gram, liter 앞에 접두사로 붙으면 모두 $\frac{1}{100}$을 뜻한다.

10

							1N				
	2C						U		3F		
	U						M		R		
	I						B		A		4B
	S						E		C		A
	E						R		T		S
	5N	U	M	B	E	R	*	L	I	N	E
	A						G		O		-
	I						R		N		T
	R			6D			I		*		E
7G	E	O	B	O	A	R	D		B		N
	*			T					A		*
8G	R	I	D	*	P	A	P	E	R		B
	O			P							L
	D		9T	A	N	G	R	A	M		O
				P							C
				E							K
				R							

11

			1S									
			E									
			M									
			2I	N	T	E	G	E	R	S		
	3R		C									4T
	A		I		5S			6P				R
	T		R		I			E				E
7C	I	R	C	U	M	F	E	R	E	N	C	E
	O		L		P			I				*
			E		L			M				D
					I			E				I
					8F	A	C	T	O	R		A
					Y			E				G
								9R	U	L	E	R
												A
												M

만화 해설 도형의 둘레는 perimeter이지만, 특히 원의 둘레를 circumference라고 한다.

12

	1S	A	2M	P	L	I	N	G	
			O						
			D		3D		4M		
	5A	V	E	R	A	G	E		
					T		D		
6P	O	7P	U	8L	A	T	I	O	N
		I		I			A		
	9M	E	A	N			N		
		*		E					
		G		*					
10B	A	R	*	G	E	A	P	H	
		A		R					
		P		A					
		H		P					
				H					

13

						[1]S						
						O						
						L						[2]L
		[3]O	U	[4]T	L	I	E	[5]R				I
[6]E				E		D		E				K
X		[7]M		N				F				E
P		U		S				L				*
A		L		*				E				F
[8]N	E	T		P				X				R
D		I		L				*				A
E		[9]D	I	A	G	O	N	A	L			C
D		I		C				N				T
*		G		E				G				I
F		I						L				O
O		[10]T	E	T	R	A	H	E	D	R	O	N
R												S
M												

만화 해설 improper fraction이란 용어를 보면, 우리가 1보다 큰 수를 분수로 받아들이기 어려워함을 알 수 있다.

14

												[1]P
			[2]C	O	O	R	D	I	N	A	T	E
												R
												C
				[3]I						[4]M		E
	[5]T	E	S	S	E	L	L	A	T	I	O	N
				O						D		T
				M						*		
				E		[6]H				P		
[7]C	O	N	S	T	R	U	C	T	I	O	N	
				R		N				I		
				Y		[8]D	O	Z	E	N		
						R				T		
	[9]D	E	G	R	E	E						
						D						
						T						
						H						

15

[1]P	R	I	M	E	*	N	U	M	B	E	R	
R												
O			[2]P	L	U	[3]S						
P						Q						[4]C
E			[5]D			U						O
R			E		[6]R	A	T	E				N
*			N			R				[7]C		V
F			O			E				H		E
A			M			*				O		X
[8]C	U	B	I	C	*	M	E	T	E	R		*
T			N			E				D		P
O			A			T						O
R			T			E						L
			O			R						Y
			R									G
												O
			[9]E	S	T	I	M	A	T	I	O	N

만화 해설 rational number는 비로 나타낼 수 있다는 뜻으로, '합리적'이라는 rational의 일상적 의미와 거리가 멀다.

16

	[1]S	U	B	T	R	A	H	[2]E	N	D	
								X			
								P			
								R			
					[3]E	D	G	E			
								S			
								S			
		[4]D			[5]E	L	L	I	P	S	[6]E
		I			Q			O			Q
		F			U			N			U
		F			A						A
[7]O	P	E	R	A	T	I	O	N			L
		R			I						*
		E			O						S
[8]M	I	N	U	E	N	D					I
		C									G
		[9]E	S	T	I	M	A	T	I	O	N

17

		[1]P	L	A	C	E	*	V	A	L	U	[2]E
												Q
[3]S	[4]P	I	R	A	L					[5]E		U
	E									V		A
[6]T	R	A	P	E	Z	[7]O	I	D		E		L
	F					D				N		*
	E					D				*		R
	C					*				N		A
	T			[8]C	O	N	E			U		T
	*			O		U				M		I
	N			M		M				B		O
	U			P		[9]B	R	A	C	E		
	M			A		E				R		
	B			S		R						
	E			S								
	R											

만화 해설 사칙계산이 섞여 있는 혼합산에서는 계산의 순서가 정해져 있다. 보통 소괄호, 중괄호, 대괄호 안의 계산식부터 차례로 계산한다.

18

[1]S			[2]D	I	[3]M	E	N	S	I	O	N	
T					U							
R					L			[4]C				
A					T			O				
I					I			M				
G					P			M				
H					L			O		[5]F		
T					E			N		A		
E			[6]D					*		C		
D			I		[7]S	Y	M	M	E	T	R	Y
G			V					U		O		
[8]E	Q	U	I	A	N	G	U	L	A	R		
			S					T				
			I					I				
			B					P				
			L					L				
		[9]T	E	T	R	A	H	E	D	R	O	N

19

	[1]P	R	O	T	R	A	[2]C	T	O	R
							U			
[3]G	O	[4]O	G	[5]O	L		B			
		V		R			O			
[6]S	T	A	T	I	S	T	I	C	S	
		L		G			D			[7]T
				I						A
		[8]C		[9]N	U	M	E	R	A	L
		U								L
[10]T	A	B	L	E						Y
		I								
[11]K	I	T	E							

만화 해설 나폴레옹의 키는 작았다고 알려져 있으나, 프랑스와 영국의 길이 단위가 서로 달라서 일어난 오해라는 학설이 있다.

20

				[1]I		[2]L						
				N		E						
	[3]H	E	P	T	A	G	O	N				[4]N
				E								A
	[5]H	[6]O	U	R	*	H	[7]A	N	D			T
		C		S			L			[8]R		U
		T		E			G			H		R
		A		C			O			O		A
[9]R	I	G	H	T	*	P	R	I	S	M		L
		O					I			B		*
		N					T			U		N
							H			S		U
							M					M
												B
	[10]O	B	T	U	S	E	*	A	N	G	L	E
												R

수학이 놀이가 되는 **미국초등수학 용어퍼즐**

초판발행 2022년 6월 1일

지은이 김수미
펴낸이 오판근
펴낸곳 (주) 교우
주 소 서울시 동대문구 약령시로 8 교우빌딩 2층 (주)교우
전 화 02-925-2861 / **팩 스** 02-925-2860, **편집부** 02-925-2825
홈페이지&북스토어 www.kyowoo.co.kr / **이메일** kyowoo@kyowoo.co.kr

등 록 1994년 3월 24일 제1994-000013호
ISBN 979-11-251-0355-4(63410)

Published by Kyowoo Co., Ltd. Printed in Korea

(주) 교우는 보다 혁신적이고 참신한 도서를 다양하게 기획하고 있습니다.
책으로 펴내고자 하는 아이디어나 원고는 메일로 보내주세요.
(주) 교우는 전과정을 책임지고 최선을 다하겠습니다.

값 13,000원

교우미디어는 (주) 교우의 Imprint 사입니다.
수학정원·과학정원은 (주) 교우의 새로운 브랜드명입니다.

잘못된 책은 구입하신 서점에서 교환해 드립니다.